Caballos

Julie Murray

Abdo
¡ME GUSTAN LOS ANIMALES!
Kids

abdopublishing.com

Published by Abdo Kids, a division of ABDO, PO Box 398166, Minneapolis, Minnesota 55439.
Copyright © 2017 by Abdo Consulting Group, Inc. International copyrights reserved in all countries.
No part of this book may be reproduced in any form without written permission from the publisher.

Printed in the United States of America, North Mankato, Minnesota.

102016

012017

 THIS BOOK CONTAINS
RECYCLED MATERIALS

Spanish Translator: Maria Puchol

Photo Credits: iStock, Shutterstock

Production Contributors: Teddy Borth, Jennie Forsberg, Grace Hansen

Design Contributors: Candice Keimig, Dorothy Toth

Publisher's Cataloging-in-Publication Data

Names: Murray, Julie, author.

Title: Caballos / by Julie Murray.

Other titles: Horses. Spanish

Description: Minneapolis, MN : Abdo Kids, 2017. | Series: ¡Me gustan los
    animales! | Includes bibliographical references and index.

Identifiers: LCCN 2016947547 | ISBN 9781624026324 (lib. bdg.) |
    ISBN 9781624028564 (ebook)

Subjects: LCSH: Horses--Juvenile literature. | Spanish language materials--
    Juvenile literature.

Classification: DDC 636.1--dc23

LC record available at http://lccn.loc.gov/2016947547

Contenido

Caballos

Casi todos los caballos viven en granjas. Chad monta a caballo.

Los caballos tienen crin.

También tienen cola larga.

Nikki cepilla su caballo.

Los caballos pueden ser de muchos colores. Tami monta un caballo color café.

Los caballos son animales fuertes. Tienen cuatro patas. ¡Pueden correr rápido!

Los caballos tienen los ojos grandes y las orejas puntiagudas.

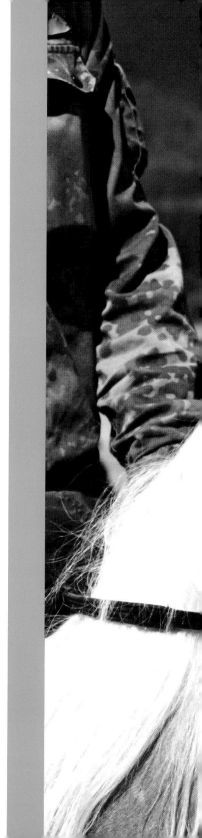

Los caballos tienen cascos.
Laura limpia los cascos de
su caballo.

A los caballos macho se los llama sementales. Las hembras son yeguas. A las crías se las llama potros.

semental

yegua

potro

Los caballos comen hierba y paja. ¡También les gustan las zanahorias y las manzanas!

¿Qué te gusta de los caballos?

Algunas razas de caballo

Árabe

Pinto

Gypsy Vanner

Shire

Glosario

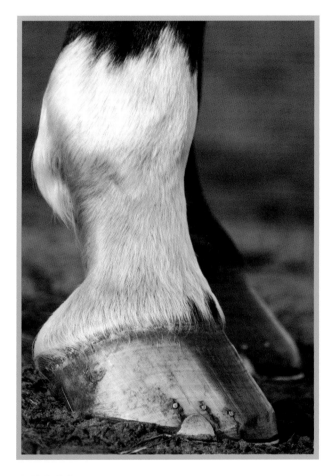

casco
cubierta dura en los pies de algunos animales.

crin
pelo largo y grueso en el cuello de los caballos.

Índice

abdokids.com

¡Usa este código para entrar en abdokids.com y tener acceso a juegos, arte, videos y mucho más!

Código Abdo Kids:
IHK5314